· CLÁVIS ·

APOLLINIS

WILLIAM J SIMPSON

Līberīs meīs

clāvēs cordis meī estis

Prīma Ēditiō

CAPITVLVM PRIMVM

Est puer. Nōmen puerō est Quīntus. Quīntus est puer americānus. Quīntus est puer normālis. Eī placet currere. Eī placet āthlētica. Eī placent pastilla hamburgēnsia et patātae frīctae. Eī placet tēlevīsiō. Eī placent puellae pulchrae.

Quīntō *nōn* placet schola. Eī nōn placent magistrī et classēs. Eī nōn placent mathēmatica et historia et geōgraphia. Eī nōn placet litterātūra. Eī nōn placent librī et poēmata et fābulae.

Diēs Lūnae est. Est sexta hōra ante merīdiem. Quīntus dormit. Parentēs Quīntī clāmant:

"Quīnte! Est sexta hōra! Surge!"

Quīntus nōn surgit. Puer dormit et laetus est.

"Surge, Quīnte! Est sexta hōra!" clāmant parentēs Quīntī iterum.

Quīntus lentē surgit et sē vestit.

Parentēs Quīntī clāmant: "Venī, Quīnte! Ede!"

Quīntus intrat in culīnam. Parentēs Quīntī sunt in culīnā.

"Salvē, Quīnte!" clāmant parentēs Quīntī.

"Salvēte," respondet Quīntus lentē.

Quīntus ad mēnsam ambulat et lentē cōnsīdit. Puer nōn laetus est.

"Quid agis, Quīnte?" clāmant parentēs Quīntī.

"Nōn male," respondet puer.

Quīntus edit et tēlevīsiōnem spectat.

"Ecce, Quīnte! Est septima hōra!" clāmant parentēs puerī. "Cito!"

Sed Quīntus nōn edit cito. Nōn surgit cito. Quīntus lentē surgit et ad iānuam ambulat.

"Ecce!" clāmant parentēs Quīntī. Parentēs trēs librōs magnōs puerō dant.

Quīntus "Grātiās" respondet et librōs magnōs sūmit. Puer ad iānuam ambulat. Nōn est laetus.

Quīntus ad scholam ambulat. Puer lentē ambulat. Eī nōn placet ambulāre ad scholam. Nōn pluit hodiē, sed frīgidum est.

Quīntus in scholam intrat. Quīntus videt amīcum suum. Nōmen eī est Albertus. Albertus est puer intellegēns. Albertō placet schola. Eī placent historia et geōgraphia et mathēmatica. Eī placent librī et litterātūra.

Albertus Quīntum videt et clāmat:

"Salvē, Quīnte! Quid agis?"

"Nōn male," respondet Quīntus. "Et tū?"

"Bene!" respondet Albertus. "Ecce!" Albertus Quīntō librum magnum dat.

Quīntus librum magnum sūmit et spectat. "Gulielmus Shakespeare?!" rogat puer.

"Sīc! Mihi placet Shakespeare!"

Quīntus Albertō librum dat. "Mihi *nōn* placet Shakespeare. Mihi nōn placet litterātūra."

"Sed, est octāva hōra... Litterātūra... Magistra Ferguson..."

"Sīc, sciō..." respondet Quīntus.

Quīntus et Albertus in classem litterātūrae intrant. Albertus cito cōnsīdit. Quīntus nōn cōnsīdit. Quīntus tēlephōnum suum spectat. Magistra Ferguson intrat.

"Salvēte, discipulī!" clāmat Magistra Ferguson.

"Salvē, magistra!" respondent discipulī.

"Cōnsīdite, quaesō!" clāmat magistra.

Aliī discipulī cōnsīdunt, sed Quīntus nōn cōnsīdit. Quīntus magistram nōn videt quod tēlephōnum suum spectat.

"Quīnte!" clāmat magistra. "Cōnsīde! Cito!" Magistra nōn est laeta.

Quīntus lentē cōnsīdit. Puer librum magnum sūmit et in mēnsā dēpōnit.

"Aperīte librōs ad pāginam tertiam," clāmat Magistra Ferguson. "Pāginā tertiā est fābula magna..."

Quīntus librum nōn aperit. Puellam spectat. Nōmen puellae est Anna. Anna est puella pulchra. Anna Quīntō placet, sed Quīntus Annae nōn placet. Anna est intellegēns. Bona discipula est. Sed Quīntus nōn est intellegēns. Bonus discipulus nōn est. Malus discipulus est.

"Quīnte!" clāmat Magistra Ferguson. "Aperī librum ad pāginam tertiam!" Magistra Ferguson ad Quīntum ambulat. Magistra librum sūmit et aperit. Magistra librum spectat. "Quīnte," iterum clāmat magistra, "est liber mathēmaticae!" Magistra puerō alium librum dat. Quīntus librum ad pāginam tertiam aperit. Puer trīstis pāginam spectat: *Rōmeus et Iūlietta*.

"Vae!" dīcit Quīntus. Quīntus amīcum suum Albertum spectat. Albertus laetus est. Quīntus Annam spectat. Puella pulchra laeta est. Eī placent fābulae et litterātūra. Quīntus pāginam iterum spectat. Fābulam magnam spectat. Fābula *longa* est. Quīntō nōn placent fābulae longae.

"Quid est nōmen auctōrī fābulae *Rōmeus et Iūlietta*?" rogat Magistra Ferguson. Albertus manum tollit. Aliī discipulī manum tollunt, sed Quīntus manum nōn tollit. Quīntus tēlephōnum suum sūmit et *Rōmeus et Iūlietta* in Google quaerit.

"Quīnte!" clāmat Magistra Ferguson. "Dēpōne tēlephōnum et spectā librum!"

Anna manum tollit et clāmat, "Gulielmus Shakespeare est auctor *Rōmeus et Iūlietta!*"

"Sīc, Anna. Grātiās!" respondet magistra. "Auctor fābulae *Rōmeus et Iūlietta* est Gulielmus Shakespeare — nōn *Google*lmus Shakespeare, Quīnte." Quīntus Annam spectat et trīstis est.

"Rōmeus est puer ītalicus," explicat Magistra Ferguson. "Rōmeus amat puellam. Nōmen puellae est Iūlietta. Iūlietta est puella ītalica. Puella pulchra est. Iūlietta amat Rōmeum, sed parentēs Iūliettae nōn amant Rōmeum. Familia Rōmeī parentibus Iūliettae nōn placet. Rōmeus domum Iūliettae ambulat. Iūlietta videt Rōmeum. Eī placet Rōmeus. Rōmeus Iūliettam bāsiat. Iūlietta laeta est. Rōmeus laetus est. Sed parentēs nōn sunt laetī! Rōmeus cito currit..."

Quīntus Annam iterum spectat. Quīntus Annam amat, sed Anna Quīntum nōn amat quod Quīntus nōn est intellegēns. Quīntō nōn placent litterātūra et historia. Eī nōn placent librī et poētica. Quīntus est puer normālis. Annae placent puerī hērōïcī. Quīntus nōn est hērōs.

CAPITVLVM SECVNDVM

Est decima hōra post merīdiem. Quīntus dormit. Parentēs Quīntī dormiunt. Domus Quīntī placida est.

"Surge, Quīnte!" murmurat vōx placidē.

Quīntus bene dormit. Puer laetus nōn surgit.

"Surge, cito!" iterum murmurat vōx.

Quīntus cito surgit et alterum puerum videt.

"Salvē," dīcit alter puer placidē.

Quīntus cōnfūsus est. Alterum puerum spectat. Puer *aliēnus* est.

"Salvē!" iterum dīcit alter puer. "Nōmen mihi est Mercurius."

Quīntus puerum iterum spectat. "Mercurius est deus rōmānus," respondet Quīntus.

"Sciō," dīcit alter puer. "Nōmen mihi est Mercurius. Ego sum deus rōmānus. Tibi placent fābulae — fābulae dē deīs rōmānīs?"

"Mihi *nōn* placent fābulae."

"Sciō," dīcit Mercurius. "Ecce fābula. Est puer americānus. Nōmen eī est Quīntus. Quīntō nōn placet schola. Quīntō nōn placent poētica et fābulae et litterātūra. Sed Quīntō puella placet. Nōmen eī est Anna. Anna est puella pulchra. Quīntus Annam amat, sed Anna Quīntum nōn amat. Annae puerī hērōïcī placent, sed Quīntus nōn est hērōs."

Quīntus puerum spectat. Quīntus trīstis est.

"Tibi placet mea fābula?" rogat Mercurius.

"*Nōn*," respondet Quīntus. "Mihi *nōn* placet."

"Esne hērōs?" rogat Mercurius.

"*Nōn!*" clāmat Quīntus. "Ego nōn sum hērōs. Ego nōn sum hērōs et nōn sum intellegēns. Ego sum puer normālis."

"Puer normālis?" dīcit Mercurius. "Tū nōn es puer normālis. Tū es *hērōs*. Ecce, sūme."

Mercurius Quīntō clāvem dat. Quīntus clāvem sūmit et spectat. "Est clāvis Apollinis, clāvis magica," explicat Mercurius.

"Clāvis Apollinis?" rogat Quīntus.

"Sīc," respondet Mercurius. "Apollō est alius deus rōmānus. Apollō est deus mūsicae et poēticae et litterātūrae."

"Sciō," dīcit Quīntus, "sed mihi nōn placent mūsica et poētica et litterātūra."

"Apollō est *hērōs*," dīcit Mercurius. "Et tū? Esne hērōs?"

Quīntus nōn respondet. Puer trīstis cōnsīdit et clāvem dēpōnit.

"Sūme clāvem et ambulā ad iānuam!" clāmat Mercurius. Venī, *hērōs*!"

Quīntus clāvem et iānuam et Mercurium spectat. Puer cōnfūsus surgit et sē vestit. *Ego sum hērōs* murmurat Quīntus. Clāvem sūmit et ad iānuam cito currit.

"Bene!" clāmat Mercurius. Deus laetus surgit et ad iānuam placidē ambulat.

Quīntus iānuam tangit. *Ego sum hērōs* iterum murmurat puer. Quīntus clāvem in iānuam pōnit et iānuam lentē aperit.

CAPITVLVM TERTIVM

Quīntus mēnsam et sellam videt. Mercurius cōnsīdit in sellā. Quīntus mēnsam spectat. Est pānis in mēnsā. Quīntus pānem sūmit et spectat. Est charta. In chartā sunt litterae: *Ede mē.*

Quīntus pānem in mēnsā dēpōnit et pōtiōnem videt. Quīntus pōtiōnem sūmit et spectat. Est alia charta et in chartā sunt litterae: *Pōtā mē.* Quīntus cōnfūsus est. Pōtiōnem in mēnsā dēpōnit.

"Tibi placet pānis?" rogat Mercurius.

"Nōn," respondet Quīntus, "mihi placent pastilla hamburgēnsia et patātae frīctae!"

"Bene," dīcit Mercurius. "Sūme pōtiōnem."

Quīntus Mercurium spectat et pōtiōnem iterum sūmit.

"Pōtā," dīcit Mercurius.

Puer clāvem in mēnsā dēpōnit. Pōtiōnem aperit et cito pōtat. Puer Mercurium spectat. Mercurius est *magnus*!

"Tū es magnus, Mercurī!" clāmat Quīntus.

"Ego nōn sum magnus!" dīcit Mercurius placidē. "Tū es *parvus*!"

Quīntus mēnsam et sellam et deum iterum spectat. Mēnsa et sella sunt magnae.

"Ecce," clāmat Quīntus, "est iānua! Dā mihi clāvem, Mercurī!"

Mercurius clāvem tollit. Quīntus clāvem spectat. Clāvis magna est.

"Dā mihi pānem, Mercurī!" clāmat Quīntus.

"Sed tibi nōn placet pānis," dīcit deus laetus.

"Dā mihi pānem, quaesō!" iterum clāmat puer.

Mercurius Quīntō pānem dat. Quīntus pānem sūmit et edit. Quīntus magnus est. Mercurius puerō clāvem dat. Quīntus clāvem et pōtiōnem sūmit. Pōtiōnem iterum pōtat.

Quīntus parvus est. Puer clāvem spectat. Clāvis parva est. Quīntus laetus est.

"Venī, Mercurī!" clāmat puer.

Mercurius pōtiōnem sūmit et pōtat. Mercurius parvus est. Mercurius et Quīntus ad iānuam cito ambulant.

"*Vae*," murmurat vōx parva.

Quīntus puellam parvam videt. Puella trīstis est. Quīntus ad puellam lentē ambulat.

"Salvē," dīcit Quīntus placidē. "Nōmen mihi est Quīntus."

"Salvē," respondet puella trīstis. "Nōmen mihi est Alicia. Ego sum... Ego sum cōnfūsa. Sum parva! Ego pōtiōnem pōtāvī, et nunc *parva* sum. Est iānua, sed clāvis est in mēnsā. Mēnsa et clāvis sunt *magnae*!" Puella cōnsīdit.

Quīntus Mercurium spectat. Mercurius laetus est. Quīntus clāvem tollit.

"Ecce clāvis," dīcit Quīntus puellae.

"Euge!" clāmat Alicia.

Quīntus ad iānuam ambulat et iānuam lentē aperit. Alicia laeta est.

"Grātiās!" clāmat puella. Alicia ad Quīntum cito currit et puerum placidē bāsiat. "Grātiās, Quīnte! Tū es hērōs meus!"

Alicia Quīntum et Mercurium spectat. "Valēte!" clamat et per iānuam currit.

"Valē!" clāmat Quīntus. Quīntus laetus est. *Ego sum hērōs* murmurat puer.

Mercurius puerum laetum spectat. "Sīc, tu *es* hērōs — hērōs *magnus*!"

Quīntus sē spectat. "Hērōs *parvus*!" respondet puer laetus.

"Venī, Quīnte," clāmat Mercurius. "Est alia fābula!"

Quīntus et Mercurius ad iānuam currunt.

CAPITVLVM QVÁRTVM

Quīntus aliam mēnsam videt. Mēnsa parva est. Trēs sellās parvās videt. In ūnā sellā est —

Est porcus!

Quīntus Mercurium spectat. Deus laetus est. Puer porcum spectat. Porcus dormit.

"Tibi placent animālia?" rogat Mercurius.

"Animālia?! Mihi nōn placent animālia! Est fābula dē agricultūrā?!?"

"Nōn," repondent Mercurius, "nōn est fābula dē agricultūrā. Est fābula hērōïca, et *tū* es hērōs."

Quīntus deum laetum iterum spectat. Porcum iterum spectat. Porcus dormit.

Quīntus ad mēnsam lentē ambulat. Puer cōnfūsus porcum placidē tangit. "Salvē, porce." murmurat puer.

Porcus dormit.

Quīntus iterum porcum tangit et "Salvē..." placidē murmurat.

Oīnc grūnnit porcus. Porcus lentē surgit. Puerum et deum videt. Porcus cōnfūsus puerum spectat.

"Tū nōn es porcus," dīcit porcus lentē.

"Nōn," respondet puer. "Ego nōn sum porcus. Nōmen mihi est Quīntus. Ego sum puer."

Porcus deum spectat et eī dīcit, "Et tū — tū nōn es porcus et nōn es puer."

"Ego," dīcit deus laetus, "sum Mercurius."

"Salvēte, *oīnc!*" dīcit porcus. "Nōmen mihi est Porcellus. Venīte. Cōnsīdite."

Quīntus in prīmā sellā cōnsīdit. Mercurius in secundā sellā cōnsīdit. Quīntus māla in mēnsā videt. Porcus ūnum mālum sūmit et edit.

"Edite, quaesō!" clāmat porcus.

"Grātiās!" respondet Quīntus. Puer ūnum mālum sūmit et cito edit. Porcus eī aliud mālum dat. Mercurius nōn edit. Eī nōn placent māla.

Bam!

Porcus cito surgit et mālum dēpōnit.

Bam!

Quīntus et Mercurius iānuam spectant.

Bam! Bam!

"Ecce!" clāmat porcus. "Est lupus. Lupus malus est! Mihi nōn placet lupus. Lupus porcōs *edere* amat!"

Bam! Bam! Bam!

Quīntus et Mercurius surgunt.

"Porcelle, porcelle, aperī iānuam!" clāmat vōx magna. Lupus est.

"Nōn!" respondet porcus.

"Aperī iānuam, Porcelle!" iterum clāmat lupus.

"*Nōn!*" clāmat porcus.

"Bene," dīcit lupus lentē. "Ego huffābō et puffābō et domum tuum *oblitterābō!*"

Bam!

"Ecce!" clāmat porcus.

"Dā mihi mālum, Porcelle! Cito!" clāmat Quīntus. Porcus cōnfūsus est sed mālum puerō dat. Quīntus mālum sūmit et ad iānuam currit.

Lupus iterum clāmat. "Aperī iānuam, Porcelle! Ego huffābo et puffābo et — "

Quīntus iānuam cito aperit. Lupus cōnfūsus puerum spectat.

"Sed tū domum *nōn* oblitterābis!" clāmat Quīntus. Puer mālum cito iacit.

Lupus mālum videt et currit. Eī placent māla. Lupus laetus est. Mālum sūmit et cito edit.

Quīntus iānuam cito claudit.

"Grātiās!" clāmat porcus. "Tu es hērōs meus!" Porcus ad Quīntum cito currit et puerum bāsiat.

"Vae!" clāmat Quīntus. Mercurius laetus est.

"Ecce," dīcit Mercurius. Est alia fābula..."

"Bene!" dīcit Quīntus. "Valē, Porcelle!"

"Valēte, *oīnc!*" clāmat porcus. "Grātiās!"

Puer laetus clāvem in iānuam pōnit et iānuam cito aperit. "Venī, Mercurī!" clāmat.

CAPITVLVM QVÍNTVM

Quīntus puerum videt. Puer trīstis est. Puer Quīntum et Mercurium nōn videt.

Iūlietta, Iūlietta... murmurat puer.

Quīntus puerum trīstem spectat. Quīntus Mercuriō rogat, "Est — est Rōmeus?"

"Sīc, nōmen eī est Rōmeus. Rōmeus trīstis est quod puellam amat, sed — "

Iūlietta... iterum murmurat puer trīstis.

Quīntus ad puerum lentē ambulat et puerum placidē tangit. "Salvē," dīcit Quīntus placidē.

Rōmeus cōnfūsus surgit et Quīntum spectat. Rōmeus trīstis est. "Iūlietta mea!" clāmat.

"Iūlietta mox venit!" dīcit Quīntus.

"Nōn," respondet Rōmeus. "Iūlietta nōn venit! Iūlietta nōn mē amat. Iūlietta *mortua* est. Ecce!"

Quīntus Iūliettam videt. Iūlietta nōn surgit.

"Sed Iūlietta nōn est mortua!" clāmat Quīntus. "Iūlietta tē amat!"

Rōmeus pōtiōnem tollit. Quīntus pōtiōnem spectat. "Iūlietta pōtiōnem pōtāvit. Nunc mortua est. Ego pōtiōnem pōtābō et — "

Quīntus pōtiōnem sūmit et dēpōnit. "Iūlietta nōn est mortua! Bāsiā Iūliettam!"

Rōmeus cōnfūsus est. Puer trīstis ad Iūliettam lentē ambulat. Iūliettam placidē tangit. Iūlietta nōn surgit.

"Iūlietta *dormit*!" explicat Quīntus. "Nōn est mortua! Bāsiā Iūliettam!"

"Ecce!" clāmat Mercurius. Deus chartam tollit et Rōmeō chartam dat. Rōmeus chartam sūmit et spectat. Sunt litterae in chartā.

VENÍ CITO, MÍ AMOR. EGO DORMIÓ. TÉ AMÓ.

IÚLIETTA

Rōmeus chartam dēpōnit et lentē cōnsīdit. Iūliettam placidē bāsiat.

Iūlietta surgit.

"Iūlietta!" clāmat Rōmeus. "Tū nōn es mortua! Tū dormīs!"

"Sīc," respondent Iūlietta. Puella est cōnfūsa. Puella Rōmeum spectat et laeta est. "Tē amō!" clāmat Iūlietta.

"Et ego tē amō!" clāmat Rōmeus laetus.

Rōmeus Quīntum spectat et rogat. "Quid est nōmen tibi, amīce?"

"Nōmen mihi est Quīntus," respondet puer.

"Grātiās, Quīnte!" clāmat Rōmeus. Rōmeus Iūliettam iterum bāsiat.

Mercurius est laetus. Mercurius Quīntum spectat. Quīntus laetus est.

"Ecce, Quīnte. Est alia fābula!" clāmat deus.

"Alia fābula?" rogat puer.

"Sīc, alia fābula. Fābula *tua*. Venī!"

Quīntus cōnfūsus est sed ad Mercurium cito currit. Puer clāvem magicam tollit.

CAPITVLVM SEXTVM

Quīntus in scholam intrat. Aliī discipulī in scholam intrant. Quīntus Mercurium nōn videt.

"Mercurī?" clāmat Quīntus.

"*Mercurī?*" respondet vōx. "Tibi nōn placet mȳthologia!"

Quīntus amīcum suum Albertum videt.

"Salvē!" clāmat Quīntus.

"Salvē, Quīnte!" repondet amīcus. "Quid agis?"

"Bene. Et tū?"

"Bene!" dīcit Albertus. "Ecce!"

Albertus Quīntō librum magnum dat. Quīntus librum sūmit et spectat. *Gulielmus Shakespeare.*

"Estne diēs Lūnae?" rogat Quīntus cōnfūsus.

"Sīc!" respondet Albertus. "Est diēs Lūnae. Est octāva hōra... Litterātūra... Magistra Ferguson..."

Quīntus et Albertus in classem intrant. Albertus cito cōnsīdit. Quīntus nōn cōnsīdit. Quīntus puellam spectat. Annam spectat.

Magistra Ferguson intrat. "Cōnsīdite, quaesō!" clāmat magistra.

Quīntus cito cōnsīdit et librum magnum litterātūrae sūmit.

"Aperīte librum ad pāginam tertiam, quaesō," dīcit magistra.

Quīntus librum aperit et pāginam spectat. *Rōmeus et Iūlietta.*

"Quid est nōmen auctōrī fābulae *Rōmeus et Iūlietta*?" rogat Magistra Ferguson.

Albertus manum tollit. Aliī discipulī manum tollunt. Anna manum tollit.

Quīntus manum tollit.

"Sīc, Quīnte?" rogat Magistra Ferguson. Magistra cōnfūsa est. Quīntus nōn est intellegēns. Quīntō fābulae nōn placent.

"Gulielmus Shakespeare est auctor fābulae," respondet puer.

"Sīc, Quīnte! Grātiās" clāmat magistra.

Anna Quīntum spectat.

"Fābula magna est," explicat Quīntus. "Rōmeus Iūliettam amat, et Iūlietta Rōmeum amat. Rōmeus parentibus Iūliettae nōn placet. Familia Rōmeī parentibus Iūliettae nōn placet. Sed Rōmeus puer bonus est."

Anna Quīntum iterum spectat.

"Bene, Quīnte!" clāmat magistra. "Tū bene labōrās hodiē!"

Quīntus laetus est. Puer laetus Annam spectat. Anna Quīntum videt et laeta est.

Est tertia hōra post merīdiem. Quīntus domum ambulat. Sōl lūcet, sed frīgidum est. Quīntus lentē ambulat et librum spectat.

"Vae!" clāmat vōx.

Quīntus puellam videt. Puella trīstis est. Quīntus puellam iterum spectat. Est Anna! Quīntus ad Annam cito currit.

"Salvē, Anna!" clāmat Quīntus. "Quid agis?"

"Male!" respondet Anna. "Ego domum ambulō, sed parentēs nōn sunt domī et iānua clausa est!"

Quīntus iānuam tangit. Iānua clausa est.

Anna trīstis est. Nōn pluit, sed frīgidum est et iānua clausa est.

"Ecce..." murmurat Quīntus. Puer clāvem sūmit et in iānuam lentē pōnit. Iānua lentē aperit.

"Grātiās, Quīnte!" clāmat Anna. "Tu es hērōs meus!" Anna laeta est.

Quīntus puellam laetam spectat. Quīntus laetus est. Hērōs est.

"Ecce!" dīcit Anna. "Tibi placent fābulae?"

"Sīc, mihi placent fābulae," respondet puer.

"Et poētica? Tibi placet poētica?"

"Sīc, certē!" respondet Quīntus.

"Sūme. Librum poēticae est." Anna librum parvum Quīntō dat.

Quīntus librum spectat. *Catullus.*

"Catullus est auctor rōmānus," explicat Anna. "Aperī librum ad pāginam prīmam."

Quīntus librum lentē aperit et pāginam prīmam spectat.

Dā mī bāsia mille centum

Dein mille altera, dein secunda centum

"Tibi placet poēma?" rogat puella pulchra.

"Sīc, poēma pulchrum est."

"Mihi placet poēma. Ego poēmata Catullī amō." dīcit Anna placidē.

"Et ego *tē* amō," respondent Quīntus. "Tū es puella pulchra et intellegēns."

Anna puerum spectat. Anna laeta est. Anna manum Quīntī sūmit et puerum placidē bāsiat.

"Grātiās," dīcit Anna. "Et tū est hērōs meus."

DICTIÓNÁRIVM

ad *toward*

agis: Quid agis? *How are you?*

agricultūra *agriculture*

aliēnus *strange*

alius, alia, aliud, aliī *(an)other*

alter *the other (of two)*

ambulō *I walk*

americānus *American*

amīcus *a friend*

amō *I love*

amor *love*

animālia *animals*

ante *before*, ~ **merīdiem** *a.m.*

aperiō *I open*

āthlētica *sports, athletics*

auctor *author*

bāsiō *I kiss*

bāsia *kisses*

bene *well*

bonus *good*

centum *a hundred*

certē *of course*

charta *a piece of paper*

cito *fast, quickly*

clāmō *I yell*

classis *a class*

claudō *I close,* **clausus** *closed*

clāvis *a key*

cōnfūsus *confused*

cōnsīdō *I sit down*

culīna *a kitchen*

currō *I run*

dē *about*

decimus *tenth*

dein(de) *next*

dēpōnō *I put down*

deus *a god*

dīcō *I say*

diēs *a day*

discipulus *a student*

dō *I give*

domus *a house;* **domum** *(to) home,* **domī** *(at) home*

dormiō *I sleep*

ecce *Look!*

edō *I eat*

ego *I*

eī *to him, to her*

es *you are,* **esne** *are you?*

est *is, there is,* **estne** *is it?*

et *and*

euge *yay!*

expiclō *I explain*

fābula *a story*

familia *a family*

frīgidum *cold*

geōgraphia *geography*

grātiās *thanks*

grūnnit *grunts*

hērōïcus *heroic*

hērōs *a hero*

historia *history*

hodiē *today*

hōra *an hour*

huffābō *I will huff*

iaciō *I throw*

iānua *a door*

in *in, into, on*

intellegēns *intelligent*

intrō *I enter*

ītalicus *Italian*

iterum *again*

labōrō *I work*

laetus *happy*

lentē *slowly*

liber *a book*

litterātūra *litterature*

longus *long*

lūcet *is shining*

Lūnae: diēs Lūnae *Monday*

lupus *a wolf*

magicus *magical*

magister *a teacher*

magnus *big, great*

mālum *an apple*

malus *bad,* **male** *badly*

manus *a hand*

mathēmatica *math*

mē *me*

mēnsa *a table*

merīdiēs *noon*

meus *my*

mihi (mī) *to me*

mille *a thousand*

mortuus *dead*

mox *soon*

murmurō *I murmur*

mūsica *music*

mȳthologia *mythology*

nōmen *a name*

nōn *not*

normālis *normal*

nunc *now*

oblitterābō *I will destroy*

octāvus *eighth*

oīnc *oink*

pāgina *a page*

pānis *bread*

parentēs *parents*

parvus *small*

pastilla hamburgēnsia *burgers*

patātae frīctae *fries*

placet *likes (is pleasing to)*

placidus *gentle, quiet,* **placidē**
  gently, quietly

pluit *it's raining*

poēma *a poem*

poētica *poetry*

pōnō *I put*

porcus *pig,* **porcellus** *little pig*

post *after,* ~ **merīdiem** *p.m.*

pōtiō *a potion*

pōtō *I drink,* **pōtāvī** *I drank,*
  pōtābō *I will drink*

prīmus *first*

puella *a girl*

puer *a boy*

puffābō *I will puff*

pulcher *beautiful*

quaerō *I look for, search*

quaesō *please*

quid *what,* **Quid agis?** *How are
  you?*

quod *because*

respondeō *I answer*

rogō *I ask*

rōmānus *Roman*

salvē(te) *hello*

schola *a school*

sciō *I know*

sē *himself, herself*

secundus *second*

sed *but*

sella *a chair*

septimus *seventh*

sextus *sixth*

sīc *yes*

sōl *the sun*

spectō *I look at, watch*

sum *I am*

sūmō *I pick up, take hold of*

sunt *they are, there are*

surgō *I stand up, get up*

suus *his, her*

tangō *I touch*

tē *you*

tēlephōnum *a telephone*

tēlevīsiō *television*

tertius *third*

tibi *to you*

tollō *I raise, lift*

trēs *three*

trīstis *sad*

tū *you*

tuus *your*

ūnus *one*

vae *oh no!*

valē(te) *goodbye*

veniō *I come*

vestit: sē vestit *gets dressed*

videō *I see*

vōx *a voice*

Made in the USA
Monee, IL
08 January 2020

20043379R00017